Henry Holt and Company, *Publishers since 1866*
Henry Holt® is a registered trademark of Macmillan Publishing Group, LLC
120 Broadway, New York, NY 10271 • mackids.com

Our books may be purchased in bulk for promotional, educational, or business use.
Please contact your local bookseller or the Macmillan Corporate and Premium Sales Department
at (800) 221-7945 ext. 5442 or by email at MacmillanSpecialMarkets@macmillan.com.

Library of Congress Cataloging-in-Publication Data is available.

First edition, 2011
Bilingual edition, 2022
Book design by April Ward
Printed in China by RR Donnelley Asia Printing Solutions Ltd.,
Dongguan City, Guangdong Province.

ISBN 978-1-250-81252-0 (hardcover)
1 3 5 7 9 10 8 6 4 2

ISBN 978-1-250-81253-7 (paperback)
1 3 5 7 9 10 8 6 4 2

Para Emma, Ollie, Brooke y Zach

For Emma, Ollie, Brooke, and Zach

—M. B.

Para Joe, mi compañero de viaje

For Joe—my fellow traveler

—J. P.

HABÍA una vez un niño llamado Neftalí, quien amaba las cosas salvajes locamente y las cosas tranquilas serenamente.

Desde el momento en que aprendió a hablar, Neftalí se rodeó de palabras que giraban y se arremolinaban al igual que el río que corría cerca de su hogar en Chile.

ONCE there was a little boy name Neftalí, who loved wild things wildly and quiet things quietly.

From the moment he could talk, Neftalí surrounded himself with words that whirled and swirled, just like the river that ran near his home in Chile.

Neftalí amaba jugar en el bosque, montar a caballo y nadar en el río con sus amigos.

Su papá era conductor de ferrocarril, y a veces llevaba a su hijo a viajar en tren con él.

Cada vez que el tren se detenía, Neftalí corría al bosque a buscar escarabajos y huevos de pájaros y majestuosos helechos que goteaban agua como si fueran lágrimas.

Neftalí loved to play in the forest, ride horseback, and swim in the river with his friends.

Neftalí's father was a train conductor, and sometimes he would take his son with him on the train.

Whenever the train made a stop, Neftalí would run off into the forest to search for beetles and birds' eggs and tall ferns that dripped water like tears.

Neftalí no era tan bueno como sus amigos jugando al fútbol o lanzando bellotas, pero le encantaba leer y descubrir la magia oculta entre las páginas de los libros.

Una maestra muy especial llamada Gabriela Mistral le regaló maravillosos libros escritos en tierras lejanas, y Neftalí decidió que él también quería ser escritor.

Neftalí wasn't very good at soccer or at throwing acorns like his friends, but he loved to read and discover magic between the pages of books.

A very special teacher named Gabriela Mistral gave him wonderful books from faraway places, and Neftalí decided he wanted to be a writer too.

En su adolescencia, Neftalí cambió su nombre a Pablo Neruda y comenzó a publicar sus poemas. Escribía con tinta verde, el color de los helechos del bosque y de la hierba bajo de sus pies.

Pablo se mudó a la gran ciudad de Santiago y conoció a otros escritores. Juntos, él y sus amigos paseaban por las calles llevando amplias capas negras y altos sombreros. Hablaban sobre libros y compartían sus poemas con todos aquellos que los escucharan.

When he was a teenager, Neftalí changed his name to Pablo Neruda and began publishing his poems. He always wrote in green ink—the color of the ferns in the forest and the grass beneath his feet.

Pablo moved to the big city of Santiago and met other writers. Together, Pablo and his friends walked the streets wearing great black capes and tall hats. They talked about books and shared their poems with all who would listen.

Pablo escribió poemas sobre las cosas que amaba: obras creadas por sus amigos artistas, objetos hallados en los mercados y elementos de la naturaleza.

Escribió sobre tijeras y dedales y sillas y anillos.
Sobre botones y plumas y zapatos y sombreros.
Sobre terciopelo del color del mar.

Pablo wrote poems about the things he loved—things made by his artist friends, things found at the marketplace, and things he saw in nature.

He wrote about scissors and thimbles and chairs and rings.
He wrote about buttons and feathers and shoes and hats.
He wrote about velvet cloth the color of the sea.

Pablo amaba las cosas opuestas, así que escribió sobre el fuego y la lluvia, la primavera y el otoño.

En las calles y con sus amigos, Pablo presenció la alegría y la tristeza, así que escribió sobre ambas.

Pablo loved opposites, so he wrote about fire and rain and spring and fall.

In the streets and with his friends, Pablo saw joy and sadness, so he wrote about both.

Pablo amaba las piedras de Chile.

Escribió sobre piedras arrastradas por las olas a la orilla del mar y piedras pulidas por la arena y la sal.

Escribió sobre piedras que ruedan cuesta abajo desde las cimas de las montañas y piedras en manos de picapedreros.

Pablo loved the stones of Chile.

He wrote about stones rolled by waves onto the beach and stones polished by sand and salt.

He wrote about stones tumbling down the mountaintops and stones in the hands of the stonecutters.

Pablo amaba el mar y la sensación de la arena bajo sus pies.
Amaba caminar por la playa cerca de su hogar en Chile.

Halló estrellas de mar y algas marinas, cangrejos rojos y agua verde. Vio
delfines jugando entre las olas y anclas oxidadas arrojadas en la orilla.

Pablo loved the sea and the feel of the sand beneath his feet.
He loved walking along the beach, near his home in Chile.

He found starfish and seaweed, red crabs and green water. He saw
dolphins playing in the surf and rusty anchors washed ashore.

Pablo escribió sobre niños que jugaban en la espuma del mar y la arena, haciendo la rana y persiguiendo las olas.

Deseaba que cada niño se beneficiara de la riqueza y la esperanza de Chile.

Pablo wrote about the children who played in the sea foam and the sand, skipping stones and chasing waves.

He wanted each child to share in Chile's wealth and hope.

Pablo tenía varios hogares. Uno de ellos estaba en España, al otro lado del mundo. Se llamaba La Casa de las Flores porque allí florecían flores rojas en todas partes.

La Casa de las Flores siempre estaba llena de perros y de gente de todas las edades.

Porque sobre todas las cosas y sobre todas las palabras, Pablo Neruda amaba a la gente.

Pablo amaba a las madres y a los padres, a los poetas y a los artistas, a los niños y a los vecinos, y a sus muchos amigos por todo el mundo. A todos los recibía con los brazos abiertos.

Pablo had many homes. One was in Spain, half a world away. This home was called the House of Flowers, because of the red flowers blooming from every corner. The House of Flowers was always filled with dogs and people young and old.

Because above all things and above all words, Pablo Neruda loved people. Pablo loved mothers and fathers, poets and artists, children and neighbors, and his many friends around the world. He opened his arms to them all.

Cuando Pablo vio a los mineros de carbón haciendo un trabajo tan peligroso a cambio de tan poco dinero, se enojó. Cuando vio que sentían frío y hambre y que se enfermaban, decidió compartir su historia.

Unió sus fuerzas con las de otros que luchaban por la justicia y escribió poemas honrando a todos los obreros que luchaban por la libertad.

Aún cuando sus poemas enfadaban a los gobernantes, no se calló, porque él era un poeta del pueblo.

When Pablo saw the coal miners working dangerous jobs for little money, he was angry. When he saw that they were cold and hungry and sick, he decided to share their story.

He joined those who fought for justice and wrote poems to honor all workers who struggled for freedom.

Even when his poems made leaders angry, he would not be silenced, because he was a poet of the people.

Cuando los soldados fueron a buscarlo, Pablo se escondió en las casas de sus amigos y luego se escapó cruzando las montañas de Chile a caballo.

Pablo Neruda fue valiente. No temió compartir la historia de Chile con el mundo.

When soldiers came to get him, Pablo hid in the homes of friends and then escaped on a horse over the mountains of Chile.

Pablo Neruda was brave. He wasn't afraid to share the story of Chile with the world.

La voz de Pablo se escuchó a través de naciones y océanos.

De sus poemas brotaron flores de esperanza y sueños de paz.

Pablo's voice was heard across nations and oceans.

From his poems grew flowers of hope and dreams of peace.

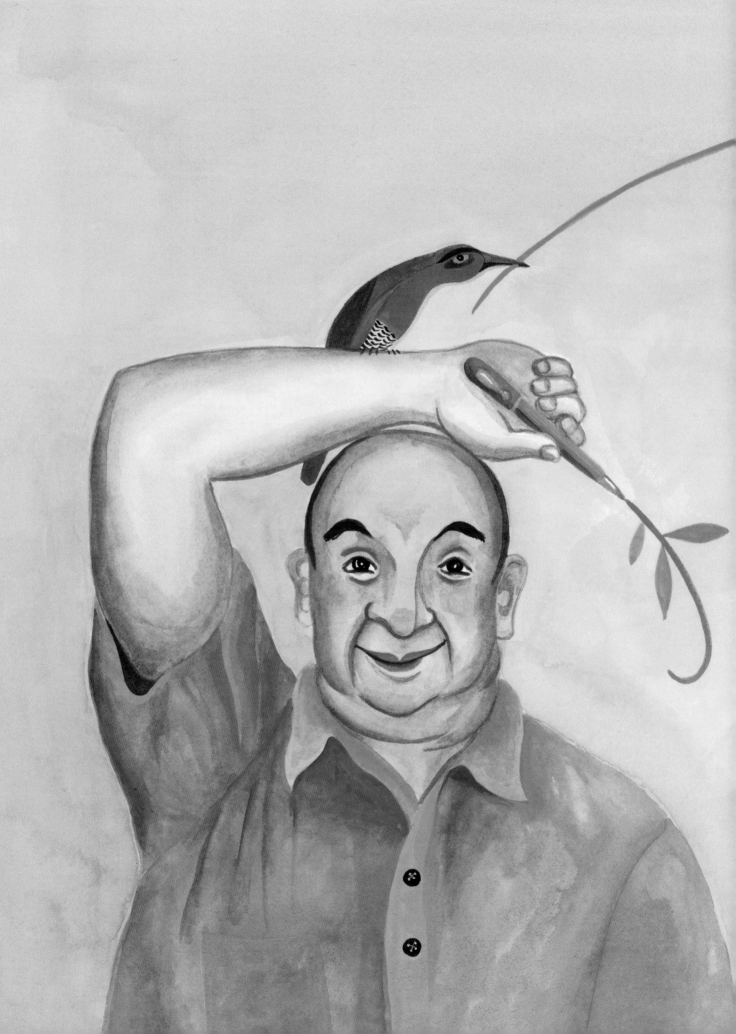

NOTA DE LA AUTORA:

Pablo Neruda es considerado uno de los mejores y más influyentes poetas del siglo XX. Nació Ricardo Eliecer Neftalí Reyes Basoalto en Parral, Chile, en 1904. Cuando Neftalí era joven, su padre no aceptaba su inclinación hacia la poesía, por lo que Neftalí decidió publicar sus poemas a escondidas bajo el seudónimo Pablo Neruda. A lo largo de su vida, Neruda fue estudiante, diplomático, senador, activista y fugitivo. Pero siempre, y sobre todo lo demás, Pablo Neruda siempre fue poeta, el poeta del pueblo. Entre sus obras más famosas se hallan *Crepusculario, Veinte poemas de amor y una canción desesperada, España en el corazón, Canto general y Odas elementales*. Recibió el Premio Nobel de Literatura en 1971. Pablo Neruda murió en Chile en 1973. Unos días después, su amigo, el poeta Yevgeny Yevtushenko, escribió:

> ...él lleva su poesía al pueblo
> tan simple y tranquilamente
> como un trozo de pan.

Hoy, la casa de Pablo en Isla Negra, Chile, sigue en pie. Llenos de amor y esperanza, hombres y mujeres de todo el mundo la visitan para celebrar al poeta del pueblo. Cada vez que leemos un poema de Pablo, él está con nosotros, inspirándonos a querernos los unos a los otros y a hacernos oír.

AUTHOR'S NOTE:

Pablo Neruda is considered one of the greatest and most influential poets of the twentieth century. He was born Ricardo Eliecer Neftalí Reyes Basoalto in Parral, Chile, in 1904. When Neftalí was growing up, his father didn't approve of his poetry, so Neftalí began publishing poems behind his father's back under the name Pablo Neruda. During his lifetime, Neruda was a student, a diplomat, a senator, an activist, and a fugitive. But always and above all, Pablo Neruda was a poet—the poet of the people. Among his most famous works are *Crepusculario, Veinte poemas de amor y una cancion de desperada (Twenty Love Poems and a Song of Despair); Espana en el corazon (Spain in the Heart); Canto general;* and *Odas elementales (Elementary Odes)*. He won the Nobel Prize for Literature in 1971. Pablo Neruda died in Chile in 1973, and a few days later his friend, the poet Yevgeny Yevtushenko, wrote,

> ...he carries his poetry to the people
> As simply and calmly
> As a loaf of bread.

Today, Pablo's house in Chile, on Isla Negra, still stands. With feelings of love and hope, women and men from all over the world visit to celebrate the poet of the people. Each time we read one of Pablo's poems, he is with us, inspiring us to love and to make our voices heard.

RESOURCES/RECURSOS

POETRY BY PABLO NERUDA / POESÍA DE PABLO NERUDA

Canto General. Translated by Jack Schmitt. Berkeley: University of California Press, 2000.

Elementary Odes. Translated by Carlos Lozano. New York: Gaetano Massa, 1961.

The Heights of Macchu Picchu. Translated by Nathaniel Tarn. New York: Farrar, Straus and Giroux, 1967.

Isla Negra. Translated by Maria Jacketti, Dennis Maloney, and Clark Zlotchew. Buffalo, NY: White Pine Press, 2001.

Odes to Common Things. Translated by Ken Krabbenhoft. Boston: Bulfinch, 1994.

Odes to Opposites. Translated by Ken Krabbenhoft. Boston: Bulfinch, 1995.

Twenty Love Poems and a Song of Despair. Translated by W. S. Merwin. New York: Penguin Books, 2006.

FOR MORE ABOUT NERUDA'S LIFE

MÁS INFORMACIÓN SOBRE LA VIDA DE NERUDA

Feinstein, Adam. *Pablo Neruda: A Passion for Life.* New York: Bloomsbury, 2004.

Neruda, Pablo. *Memoirs.* Translated by Hardie St. Martin. New York: Farrar, Straus and Giroux, 1977.

See information about Pablo Neruda at the official Nobel Laureate Web site (http://nobelprize.org) and at the Academy of American Poets Web site (www.poets.org).